문학과지성 시인선 343

너는
어디에도 없고
언제나 있다

이윤학 시집

문학과지성사

문학과지성사에서 펴낸 이윤학의 시집

먼지의 집(1992)
붉은 열매를 가진 적이 있다(1995)
아픈 곳에 자꾸 손이 간다(2000)
꽃 막대기와 꽃뱀과 소녀와(2003)
그림자를 마신다(2005)
나를 울렸다(2011)
짙은 백야(2016)

문학과지성 시인선 343
너는 어디에도 없고 언제나 있다

초판 1쇄 발행 2008년 2월 15일
초판 7쇄 발행 2023년 7월 28일

지은이 이윤학
펴낸이 이광호
펴낸곳 ㈜문학과지성사

등록번호 제1993-000098호
주　　소 04034 서울 마포구 잔다리로7길 18(서교동 377-20)
전　　화 02)338-7224
팩　　스 02)323-4180(편집) 02)338-7221(영업)
전자우편 moonji@moonji.com
홈페이지 www.moonji.com

ⓒ 이윤학, 2008. Printed in Seoul, Korea

ISBN 978-89-320-1837-9 03810

이 책의 판권은 지은이와 ㈜문학과지성사에 있습니다.
양측의 서면 동의 없는 무단 전재 및 복제를 금합니다.

지은이는 서울문화재단의 시민문예지원금을 받았습니다.

문학과지성 시인선 343
너는 어디에도 없고 언제나 있다

이윤학

2008

시인의 말

한 번은 열 번 백 번 천 번으로 통하는 지름길이라고
말씀하신 고등학교 때 선생님 생각이 난다.

현재에서 벗어날 방법은 없다.
과거와 미래와 타협하지 마라.
나와 세상과 타협하지 마라.

네 코스를 뛰면 된다.

오직 현재만이 있을 뿐이다.

불광동 언덕배기에서
2008년 2월
이윤학 씀

너는 어디에도 없고 언제나 있다

차례

시인의 말

제1부

전생(全生)의 모습　9
봄　10
복숭아꽃 핀 언덕　11
환타 페트병　12
환상　14
금대계곡　15
샛별　16
까치가 와서　18
버드나무 꽃가루　20
발자국　22
기도　24
지일의 봄　26
차돌과 만남　28
먼지는 왜 물에 끌리는가　29
너는 어디에도 없고 언제나 있다　30
콘크리트 꽃밭　31
배추밭　32
죽도(竹島)　34

제2부

개 같은 삶으로 돌아가지 않기 위하여 37
벚꽃 38
밥 39
새싹 40
매미 41
벚나무 한 그루 42
하얀 찔레꽃 44
집터 46
황혼의 아스팔트 48
당신 49
마늘 50
자운영 꽃밭 51
개똥 52
불씨 53
하얀 라일락이 핀 골목 54
함박눈 55
싸락눈 56

제3부

그 집 앞 59
철로변 60
피대를 감아 돌린다 61
농부 62
아직은 버찌가 연분홍일 때 63
불탄 집 64
숨소리 66
풋옥수수 67

무화과 열매를 땄다 68
사철나무 열매 70
눈 위에 배밭 2 71
눈 위에 배밭 1 72
겨울 어스름 74
한여름 일요일 76
공주집 78
개가 문 자국 79
복숭아나무 아래서 80

제4부

고산사 83
숨 84
달맞이꽃 85
지나가다 86
책 읽는 동상 88
저물도록 89
땡감 90
개운산, 소쩍새 91
홀림 92
부곡여인숙 앞 94
폭염(暴炎) 96
이쑤시개 98
수릉구지 100
집으로 가는 길 102
각시난골 104

해설 | 침묵의 무늬 · 박주택 105

제1부

전생(全生)의 모습

작년에 자란 갈대
새로 자란 갈대 사이에 끼여 있다

작년에 자란 갈대
껍질이 벗기고
꺾일 때까지
삭을 때까지
새로 자라는 갈대

전생의 기억이 떠오를 때까지
곁에 있어주는 전생의 모습

봄

흰나비가 바위에 앉는다
천천히 날개를 얹는다

누가 바위 속에 있는가
다시 만날 수 없는 누군가
바위 속에 있는가

바위에 붙어
바위의 무늬가 되려 하는가

그의 몸에 붙어 문신이 되려 하는가
그의 감옥에 날개를 바치려 하는가

흰나비가 움직이지 않는다

바위 얼굴에
검버섯 이끼가 번졌다
갈라진 바위틈에 냉이꽃 피었다

복숭아꽃 핀 언덕

나는 내가 아니었음 싶다.
나는 내가 없는 곳으로 가서
나랑 만나 살고 싶다.

복숭아꽃 핀 언덕을 넘어가고 싶다.
복숭아꽃 피는 언덕으로 가고 싶다.

환타 페트병

오전 내내 마룻바닥에 굴러
볕을 잘 쮠 1.5리터들이
우그러진
환타 페트병을 집어 든다.

피식 웃고 떠난 네 이름. 네 얼굴.
네 뒷모습 떠오르지 않는다.

정수기 꼭지에 대고 찬물을 채운다.
조금 남은 환타 빛 엷어진다.

어떻게 거기까지 들어갔는지
파리 한 마리
찬물 높이로 떠오른다.

파리가 날아간 뒤
환타 페트병
참았던 숨 울컥 토해놓는다.

장미 화분에 찬물을 주는 동안
환타 페트병 전신이 울렁인다.

환상

잎이 떨어져 나뒹군다
아무도 거들떠보지 않는다
앙상하기 끝이 없는
목련나무를 보지 않는다
아무도 감탄하지 않는다
아무도 마음 설레지 않는다

기름칠을 한 목련나무
자책하는 목련나무

처음부터 시작한다
까마득히 잊혀진다

끝까지 간 목련나무
잉태한 목련나무

그대 이름 함부로 부를 수 없어
마음에 경련을 품고 사는 사람
환상을 만들어가는 사람

금대계곡

단풍을 바라보는 사람들
조금씩 입을 벌리고 있다
단풍에 밴 빛이
조금씩 흘러들어가고 있다

누군가의 손을 잡았을 때
그때의 따듯함

혼자서 단풍을 볼 때는
아픈 곳이 느껴지는데
여럿이 단풍을 볼 때는
웃음이 나온다

금대계곡 맑은 물소리
까마득해지는 순간,
웃음이 나온다

나를 찾아왔던 사람들
아직 먼 산을 바라보고 있다

샛별

초저녁
아파트 공사장 크레인 위에
샛별이 걸렸다.

어디 하나
바람을 알아줄 나뭇잎
남지 않았다.

반지에 박아놓은 금강석
크레인을 내리면 끌려
내려오지 않을 샛별.

슬픔은 식물성인 것을.

그러나 무엇 하랴.

슬픔이 많은 사람의 눈으로 보면
샛별은 사방으로 꼬리를 쳐나간다.

모든 것이 가짜 아니냐.

까치가 와서

오늘 아침에도 까치 한 마리가
전봇대 꼭대기에 앉아 있었다.

부리로 털을 고르는 까치.
날개와 가슴에
흰 털을 두른 까치.

나는 까치에게서
눈부신 흰색을 보았다.

없는 줄 알면서
책상 서랍을 열어
앨범을 꺼냈다.

최근 사진밖에 없는
앨범을 뒤적거렸다.
앨범의 빈칸은
모두가 흰색이었다.

흰색이 훨씬 많은
앨범을 넘겨보았다.

네가 웃을 때마다 보았던
희디흰 치아가 보일 때까지.

버드나무 꽃가루

길턱에 모인 버드나무 꽃가루를 한 주먹 쥐었다.
라이터 불을 붙이면 금세 타버리는 버드나무 꽃가루
무수히 씨가 박힌 버드나무 꽃가루를 쥐었다. 눈이
감겼다.
온몸에 불이 지펴지고 땀이 차고 뼈마디가 저렸다.

브레이크를 밟은 버스가 문을 열었다. 닫았다. 눈앞이
천 리 만 리 밖으로 멀어지고 있었다. 발자국 소리가
보도블록에 실려 가고 있었다.

누군가 옆자리에 앉아 중얼거렸다. 다
내가 뿌린 씨앗이다, 내가 뿌린 씨앗이다.
허리를 구부린 누군가가 옆자리에 앉아
울먹였다. 다 내가 뿌린 씨앗이다.
손바닥에 쥔 버드나무 꽃가루 씨앗이 일어났다.
곤두섰다.

숨을 깊이 쉴 때마다 버드나무 꽃가루 씨앗이
왼편 가슴에 곤두섰다 꺼졌다. 손바닥에 쥔
버드나무 꽃가루 열기 속울음을 터뜨렸다.

발자국

다섯 발가락 일곱 발가락씩 찍힌
새 발자국이 흩어지기 시작한다

단풍나무 이파리를 보면
새 발자국이 생각난다
새 발의 피가 생각난다

아파트 화단에 옮겨진 단풍나무는
새 발자국을 남겨놓고
어디론가 떠나간 게 분명하다

단풍나무에게는
움켜쥔 새 발가락이 너무나도 많다
단풍나무는
이 겨울이 가고 새 봄이 올 때까지
무수히 발가락을 움켜쥐고 날아오른 새 떼다

단풍나무는

겨울을 나러 가는 새 떼다
겨울을 나러 오는 새 떼다

그 자리를 뜨지 못하는 단풍나무
움켜쥔 새 발가락을 가지고
다시 새 발자국이 돋을 때까지……

기도

창경궁 담 밑 화단에 모여
볕을 쬐는 비둘기들의 털이
한껏 부풀어 올랐다

밤새 담 위에 내려앉은
눈이 녹아 떨어진다
짚을 덮은 화단 안 흙이
입을 벌려 눈물을 받아먹는다

창경궁 화단 안 비둘기들이
얼어붙은 씨앗과 뿌리와 구근을
한나절이 가도록 품고 있다

비둘기들이 떠난 자리에
새싹이 서너 개씩은 움터
새파란 고개를 내밀 것만 같다

비둘기들은

졸음 덩어리 눈을 감고
연방 고개를 조아려
기도를 드리느라 정신이 없다

지일의 봄

미니 과일주스 병을 든 소녀들이
골이 많은 야산으로 올라가고 있었다.

사과나무 가지에 걸린 카세트 라디오에서
정오를 알리는 방귀 소리 울려 퍼지고 있었다.

퇴비를 쌓아놓은 사과밭에서
구덩이를 파는 곡괭이 끝이
자갈을 찍어 스파크가 튕겼다.

가슴을 따끔따끔 쪼아대는 소리였다.
야산 구석구석을 쪼아대는 소리였다.
고추밭 물웅덩이마다
자그만 가마를 만드는 소리였다.

흰 강아지 둘이서
고추밭 웅덩이를 피해 내달리고 있었다.

미니 과일주스 병에 참꽃을 꺾어
가슴 높이로 들어 올린 소녀들이
시냇물 소리를 따라 걸어가는
점심 무렵이었다.

차돌과 만남

저것들은 내가 잃어버린 별이 아니지
내가 잃어버린 별의 파편들이 아니지
내가 갈아버린 금붙이는 더더욱 아니지

해가 떨어지는 서해에서 보는 물결
모서리마다 일렁이는 부스러기 빛
내 몸으로는 더 이상 들어올 곳이 없지
일렁이다 반짝이다 물결이 되는 부스러기 빛

아이는 차돌을 집어던지지 차돌더미에
차돌을 집어던지지 깨어진 차돌 속에서
새로운 금속이 태어나 빛나지

내 몸 속에 들어온 빛
기억을 찾아 떠나가지
어둠 속 차돌더미에
꼬리를 감추고 스미는 빛

먼지는 왜 물에 끌리는가

낮아지는 수면,
연못 근방 벤치에서 바삭거리는
잠자리 날개를 집어 들었지.
자신에게 집중하는 자세로
한참 동안 절하던 잠자리였지. 그동안
나는 나일 때가 가장 행복한 순간이었지.
그걸 잊고 살았지. 잠자리 날개가 움찔할 때마다
내 몸으로 떨림이 증폭되어 퍼졌지.
이제는 오지 않아도 될 애인을 기다렸지.
오래전에 요절한 추억을 기다렸지. 먼지들이
더러운 물에 끌려가는 여름 한낮, 그늘이었지.

너는 어디에도 없고 언제나 있다

오른손 검지 손톱 밑 살점이 조금 뜯겼다.

손톱깎이가 살점을 물어뜯은 자리
분홍 피가 스며들었다.

처음엔 찔끔하고
조금 있으니 뜨끔거렸다.

한참 동안,
욱신거렸다.

누군가 뒤늦게 떠난 모양이었다.

벌써 떠난 줄 알았던 누군가
뜯긴 살점을 통해 빠져나간 모양이었다.

아주 작은 위성 안테나가 생긴 모양이었다.

너는 어디에도 없고 언제나 있었다.

콘크리트 꽃밭

콘크리트 친 차고 귀퉁이
그곳은 꽃밭이었던 자리
노란 국화 한 송이 피었다.

콘크리트 둘러쳐진 뿌리 근처
국화 줄기는 기울어
가느다랗게 바닥에 누웠다.
간신히 꽃 한 송이 피웠다.

몇 겹 비닐에 싸
꽃밭 가운데 묻은 연서(戀書)
이제는 비닐이 삭아도
번지는 일 없겠다.

국화 줄기 시들어 사라진 뒤
그곳으로 숨구멍 하나만 남겠다.

배추밭

여자 친구 혜영이는 키가 크고
가슴의 젖도 컸다

나일론 끈에 조여 억지로
품을 안는 한 떼기 배추밭
너 살던 집이 올려졌던 자리

이젠 거둘 때가 된 배추
끌어안을라치면 배추
꺼칠꺼칠한 털이 먼저 떠오른다

꽃 한번 마음 놓고
피워보지 못한 배추 포기들을 보니
뚱보가 되었다는
네 소식이 궁금하다

꽃을 보면
어디선가 웃음이 나오던 시절이 그립다

파랗게 질려 있는 배추밭
나일론 끈을 풀어도 이젠
펴지지 않는 꽃송이 배추

풋풋한 속 하얀 이파리
끌어안고 산 배추 밑동을
부엌칼로 따는 아주머니
리어카에 싣는 아저씨

무엇을 들킨 것인지
따끔따끔 쪼아대는 통증이
오랫동안 따라올 것만 같다

죽도(竹島)

죽도에는 스물일곱 집이 있었다.
죽도에는 학교와 교회가 있었다.
학교는 오래전에 폐교되고
교회에는 전도사 한 분이
할머니 한 분만을 앉혀놓고
성경 이야기를 들려주고 있었다.

바닷바람이 육지 쪽으로 부는 일요일
죽도 교회 종소리가 바다를 건너왔다.

제 2 부

개 같은 삶으로 돌아가지 않기* 위하여

점심 무렵,
쇠줄을 끌고 나온 개가 곁눈질로 걸어간다.
얼마나 단내 나게 뛰어왔는지
힘이 빠지고 풀이 죽은 개
더러운 꼬랑지로 똥짜바리를 가린 개
벌건 눈으로 도로 쪽을 곁눈질로 걸어간다.
도로 쪽에는 골목길이 나오지 않는다.
쇠줄은 사려지지 않는다.
무심코 지나치는 차가 일으키는
바람에 밀려가듯 개가 걸어간다.
늘어진 젖무덤 불어터진 젖꼭지
쇠줄을 끌고 걸어가는 어미 개
도로 쪽에 붙어 머리를 숙이고
입을 다물고 곁눈질을 멈추지 않는다.
하염없이 꽃가루가 날린다.

* 발레리의 「제쳐놓은 노래」에서 인용.

벚꽃

벚꽃이 피기 전에
저 많은 분들은
어떻게 지냈을까

저 분들 중에
벚꽃이 피기만을 기다린 분이
과연 몇이나 될까

벚꽃이 피기 전에
이렇게 많은 분들이 몰려오기만을
누가 기다리기나 했을까

그래도 올 때는 좀 나았겠지요
이쯤 되면 짜증만 앞서겠지요
앞이나 끝이나 보이지 않기는
마찬가지겠지요

여기서 주저앉아
살 분은 없을 겁니다

밥

붉은 신호등 앞에 멈춰 선 택배 트럭 운전수
쇠머리떡* 포장을 뜯어 입 안에 우겨넣는다
바나나 우유에 빨대를 꽂는다 아침나절
흰 철쭉꽃이 원형으로 피어 있는 안양천변
목울대가 긴 백로가 가랑이를 찢는 운동기구 위에서
신나게 가랑이를 찢는 여편네를 물끄러미 바라다
본다
입천장에 달라붙은 쇠머리떡을 떼는 택배 트럭 운전수
앞 유리창 테두리에 붙여놓은 공CD들이
비누 거품 테두리 빛을 감아 돌린다

*콩, 밤, 대추, 팥 등을 찹쌀가루에 버무려 찐 떡.

새싹

개천 바닥이 말라버렸다
개천 바닥이 갈라져버렸다

금들은 서로 만나
바닥을 떼어놓았다

풀씨가 날아와
금 안에 뿌리를 내렸다
금 안에 잎을 펼쳤다

홍수가 덮칠 때까지
바닥이 오므라들 때까지
끊임없이 내려가는 새싹

물길 위로 올라가야 할 새싹
물살에 쓸려가지 말아야 할 새싹

매미

개천 둑 철사그물 위에 앉아 매미가 운다
포플러가 그늘을 드리운 그곳 가시풀이 뒤덮은 그곳
뱀딸기가 열매를 식히는 그곳 홍수가 휩쓸고 간 그곳
스티로폼이 알을 슬어놓은 그곳 비닐이 침을 흘리고
늘어지게 자는 그곳 비스듬히 주둥이를 쳐든 페트병
폐수의 눈금을 낮춰가는 그곳 칠이 벗겨진 트럭 대가리
뒤틀리며 지나간 그곳 포플러 그늘이 뒤척이는 그곳
산업도로 지나는 바퀴 소리 빗물을 깔아뭉개는 소리
밀려오는 그곳 매미가 운다 산업도로 공장 레인
돌아가는 소리 들린다 개천 바닥 홍수가
휩쓸고 간 풀이 각도를 세운다
허리에 비닐을 감고 흙염을 털어낸다
풀은 일어난다 풀은 일어나며 자란다

벚나무 한 그루

따로따로 떨어지는 벚꽃 잎 바라보는데도
몇 십 년은 그냥 가겠다는 생각에 빠진다

잎사귀 몽우리 돋을 때까지, 환상이여 그림자
환멸과 붙어 있지 마라 대로변에서 질질 짜면서
대로변을 걸어가는 어린애를 곁눈질로 바라보는
어른의 환멸이여

언제 다시,
벚꽃 잎들이 그 자리에 가서
붙어주기를 바란 지난날이여
자라지 않는 벚나무 한 그루를 바라보는 지난날이여

변하지 않는 시체를 담아둔 실험관들이
메틸알코올 허공에 벚꽃 잎들을 기울인다
바닥에 그 자리에 가서 붙지 못할
벚꽃 잎들을 내리깐다

벚꽃 잎 떨어지는 소각장 주변을 바라보는데도
몇 십 년은 그냥 가겠다는 생각에 빠진다

떨어진 벚꽃 잎 떨어지는 벚꽃 잎
그 자리에 가서 붙어 완성되는 날
또 다른 벚나무를 지켜보고 있을 것이다

하얀 찔레꽃

함씨는 돼지우리에서 나와
고무장갑을 뒤집어 벗는다.
고무장갑과 모자를 바닥에
집어던진다.

짓눌린 머리 구석구석
비듬을 긁어내기 시작한다.

저러다
껍데기 다 벗겨지는 거 아녀.

참그릇 이고 오는 아낙네
함씨를 흉보는 아낙네
똥 냄새 경계에 들어
코를 싸맨다.

모자를 집어 든 함씨
바짓가랑이와

남방을 털어낸다.
찔레넝쿨로 다가가
숨을 들이쉰다.

거긴, 돼지똥 냄새 안 나나 봐유.
대체, 돼지똥 냄새가 뭐간디유.

집터

밭둑에 구들장이 쌓여 있지요
구들장 위에 가마솥이 엎어져
구멍을 내놓고 있지요

가마솥 배때기 끄름 위에
태양이 열을 내고 있지요

짚을 동여맨 배추들
포기를 안고 있지요
조여지고 있지요

산발한 머리카락
이마 위에 치마끈 질끈
동여맨 할머니가 있지요

마룻바닥에 퍼질러 앉아
물에 만 밥알 간장 풀어
떠먹는 할머니가 있지요

토방 위에서
할머니를 보면서
먼지 안 나게 살살
꼬리 치는 누렁이가 있지요

황혼의 아스팔트

상엿집, 녹슨 함석지붕
햇볕은 그곳을 일찍 떠난다
리기다소나무들, 훌쩍 자라 있다
아는 사람들 해마다 줄어든다
아는 사람 없는 세상을 살지 모른다

그는 어디 갔나?
툇마루에 앉아 보면,
그는 항상 집에 가는 길이었다
그리고 어둠이 내렸다, 그는 길가
도랑에 처박힌 것일까?

앞으로 반 발자국, 뒤로
좌로, 우로, 반 발자국

코스모스 꽃잎을 흝어놓으며
거리낌 없이
자동차들이 지나다니고 있다

당신

민들레 씨가 날아가다
살아보자,
내게 붙었지요

나는 어디로 가야 하나요
나는 어디로 가야 하나요

나는 언제까지,
가슴속 손안에
당신을 쥐고 살아야 하나요

나는 민들레 씨를
지난 봄날 햇볕 한 뭉치를
입속에 삼키고 말았지요

마늘

검불을 덮어놓은 겨울 마늘밭
닭들이 헤쳐놓은 검불 사이
한 조각씩 박힌 마늘이
언 땅에 싹을 틔웠다
마늘은 얼었다 풀렸다 하면서
싹에게 거름이 되는 것이다
한 가지 열망을 품고 있는 것이다
겨우내 싹을 잡고 있는 것이다
얼어 터지지 않기 위하여
흐물흐물 썩지 않기 위하여
몸속에 시퍼런 멍을 들이고 있는 것이다
싹과 뿌리를 잇는
가느다란 줄기를 채우고 있는 것이다

자운영 꽃밭

　　　　　．
새끼손가락을 걸었는데 엄지손가락 지문을 찍었는데
그것뿐인데 내 가슴에는 네 지문이 찍혔나 보다
곁눈질로 지켜보는 자운영 꽃밭
아무리 뒤져봐도 무슨 약속인가 떠오르지 않는다.
흙 검불 범벅인 돼지 내장을 손질하던
자운영 꽃밭이 먹은 녹슨 칼 한 자루
굵은 소금으로 손 씻으면 되겠는가.
가슴에 찍힌 지문을 지울 수 있겠는가.
오만 것들 건드리고 온 바람이라도
자운영 꽃밭에선 냄새를 피우지 못한다.
흙집에 갇힌 자전거 체인만이
녹이 슨 한 끝을 내려놓는다.

개똥

뒷다리가 후들거린다
목을 우겨넣은 개
엉덩이를 빼고
똥을 눈다

갈빗대가 드러나는 개
척추가 휘어지는 개

눈알이 쇠구슬이 된다

불씨

고개를 들고 일어나려는 순간마다
날개를 퍼덕여보는 것이다 비둘기는
어쩌다 길가에 처박혀 있는 것이다

처박힌 머리가 말뚝이 되어
맴을 돌게 하는 것이다

한쪽 눈알은
누군가가
오래전에 꺼뜨린 화로(火爐)인 것이다

하얀 라일락이 핀 골목

철제 대문 밑으로 콧구멍 넷이 벌렁거린다.
진돗개 두 마리가 콧구멍 넷을 벌렁거린다.
사람들 발자국 가까이 다가와 멀어질 때까지
철제 대문 밑으로 나온 진돗개 콧구멍 넷 냄새를 맡는다.
진돗개 발바닥 넷 발톱을 감추고 앙다문 입을 받친다.

함박눈

남자아이 둘에서 혀를 내밀고 눈을 받고 있다.
여자아이 둘에서 손을 들어 올리고 눈을 받고 있다.
나는 손깍지를 끼우고 손바닥을 뒤집고 있다.
비스듬히 베어진 아름드리 느티나무 나이테
테두리에 앉아 있다. 갈라진 나이테 틈에도
함박눈이 녹아내리고 있다. 비스듬히 베어진
느티나무 둥치 둘레에 돋아난 새 가지에게서
씨눈이 트는 걸 지켜보고 있다.

싸락눈

새벽녘,
우리 밖 염소 똥을 살짝 덮어둔 싸락눈
콩깍지만 발라먹어 막대기만 수북한 염소우리
포장을 친 염소우리 흰 털이 깔린 둥지에
새끼 하나가 어미 품에 머리를 박고
홀쭉한 배로 숨을 쉰다. 어미 품에
따듯한 공기를 불어넣는다.
반쯤만 열어놓은 어미의 눈
노린내 나는 동공이 안으로 열렸다.
어디에도 머리를 누이지 못하는 어미의 잠
끄트머리에 딱지가 앉은 뿔이 중심을 잡았다.

제3부

그 집 앞

지금 걷는 이 길마저도
내 기억 속의 어떤 길이 아닐까
이 모든 것이 조합이 아닐까

녹슬지 않는 병 쪼가리
잘게 부서져 빛나는 꽃밭
입을 닫고 부서지는 샐비어

사타구니에 허리를 바싹
구부려 넣은 암괭이
지 항문을 핥아 먹는다

철로변

가스 불에 그슬린 개가 철로변을 질주한다
굳은 혓바닥을 빼문 개가 철로변을 질주한다
고소한 냄새가 개를 따라 철로변을 질주한다

허옇게 바닥이 드러난 개천 다리 밑
사색 텐트가 보인다
똥뱃살 위로 러닝을 걷어 올린 남자들
질주하는 개를 바라본다

철로를 중심으로 가스 불 화기(火氣)가 이글거린다
가스 불 화기(火氣)가 삼사 미터 높이로 솟구친다

기적 소리가 커브 길을 돌아나온다
횃불 셋을 치켜든 KTX 기관차가
커브 길을 돌아나온다

검은 개가 철로변을 질주한다
검은 가죽이 터진 개가 철로변을 질주한다
터진 가죽이 찢어지게 철로변을 질주한다

피대를 감아 돌린다

아스팔트 틈새로 불개미들이 들어갔다 나온다.
알을 물고 가는 줄과 빈 입으로 가는 다른 줄
하드막대기를 놓아도 불개미들은 자꾸만
아스팔트 틈새로 몰려간다.

오토바이가 지나가도
봉고가 지나가도 상관없다.
트럭이 지나가도 끄떡없다.

에어컨 물이 틈새를 채운다.
불개미들은 에어컨 물을 말은
얇은 먼지 막을 타고 건넌다.

끊긴 줄을 금방 이어 붙인다.
가늘고 긴 피대를 감아 돌린다.

농부

허리춤에 매달린 고동색 양동이
농부는 오른손을 집어넣어
한 줌 요소 비료를 잡는다
흰 반원을 그려 뿌린다

둘둘 말아 걷어 올린 바지
볏잎들 스쳐 지나가
정강이 살에 실금 자국들 몰린다

빈 비료부대
빈 양동이
삽 하나
지게에 지고 돌아간다

모자까지 튀어 오른 흙탕 물방울
몇 개 가지고 돌아간다

아직은 버찌가 연분홍일 때

조약돌을 더듬는 시냇물이 흘러갔지.

유채꽃밭은 목욕탕에서 방금 나온
젖은 머릿결 샴푸 냄새를 흘렸지.

내 마음 샴푸 냄새로 후끈 달았지.

더는 길이 나오지 않는 길을 걸었지.

피아노를 치는 너의
가느다란 손가락
솜털 끄트머리를
나는 바람으로 매만졌지.

불탄 집

홍은2동 파출소 옆에 가 보라
길 쪽으로 무너진 슬레이트 지붕
불탄 집에 가 보라, 이렇게 한꺼번에
온몸을 달궈본 적 처음이다
앞뜰의 백목련과 등나무에
일찍 꽃 피고 잎 틔웠으니

갈라진 슬레이트 지붕과
텅 빔을 떠받힌 기둥과
숯검정이 문살이
내 사랑의 전말이었으니

내 가슴의 밤을 불러온다
그 자리에 새 집이 들어선다
내 낡은 집을 태웠으니
어서 가 보라

허물어진 담장 너머로

지리멸렬(支離滅裂)……
내 사랑의 종말을 보고 가라

숨소리

은행잎이 깔린 시멘트길 다리를 건넌다.
마을버스 승강장을 지난다. 마을버스를
기다리는 할머니 사타구니에 지팡이를
내려놓고 손깍지를 껴 손잡이를 잡는다.
은행잎이 깔린 다리 밑 웅덩이에 고이는 물
은행잎 떫은맛을 우린다. 계곡으로 흘러가는
물소리 멀어지지 않는다. 떨어진 은행잎 뒤집히며
굴러간다. 떨어지는 은행잎 구르며 뒤집힌다.
떨어진 은행 꼭지를 향해 주름이 몰린다.
구린내 진동하는 나무벤치에 앉은 할머니
입술을 오므려 숨을 쉰다. 입술 주위에 주름이 몰
려와
짧게 쉬는 숨소리 가는 휘파람 소리가 된다.

풋옥수수

옥수수 여물었나
옥수수 껍질을
살짝 찢고 보았다

살짝 찢고 본 옥수수
아직 여물지 않았다

너의 비밀을 캤다

네가 웃을 때마다
자잘하던 치아들

네가 웃을 때마다
옥수수 껍질을 찢었다

무화과 열매를 땄다

비빔국수를 먹으러 가는 길
베어진 가로수 그루터기에 앉아
담배를 빠는 늙수그레한 여자가 있었다
뒤죽박죽 얹힌 박스때기들 아래
불어터진 눈곱을 단 여자가 있었다

전봇대 옆에 서서
흘겨 뜬 눈으로 상대방을
꼬나보는 남녀가 있었다
상대방에게 자신의 말을 주입시키는
남녀가 있었다 키 차이가 많이 나는
남녀가 있었다 입가에
침 거품이 넘치는 남녀가 있었다

국수집 뒤뜰에 무화과가 벌어지고 있었다
두 마리 불독이 침을 흘리고 있었다
주름을 덜렁거리며 짖어대고 있었다

무화과를 딴 찰나
무화과 가지와 무화과 꼭지에
한 방울씩 화이트 액이 맺히고 있었다

사철나무 열매

커브길 볼록거울 아래서
맨발의 여자가 울부짖는다.
손바닥으로 시멘트 바닥을 내리친다.
맨발로 시멘트 골을 문지른다.

구경 나온 사람들 시시해서 돌아가고
아직 고동색 페인트 냄새나는 대문을 열고
남자아이 아랫입술을 깨물었다.

눈물 콧물범벅이 된 얼굴
헝클어진 머리카락 강풍이 분다.
커브길 아래로 먼지를 피우며 달려간다.
커브길 볼록거울이 휘청거린다.

공동묘지 옹벽 위
사철나무 열매가 한 말은 되게
까뒤집혀 피었다.

눈 위에 배밭 2

코로 숨을 쉰다 코로 들어오는 비닐 타는 내
척추를 타고 흘러내리는 비닐 타는 내
갈빗대를 타고 퍼지는 비닐 타는 내 척추를 타고
꼬랑지로 빠져나가는 비닐 타는 내
몸 밖은 허방이다

배나무 잎이 굴러온다
털북숭이 어린 개
샌드위치판넬 집 앞에 나와 배나무 잎을 짚는다
아가리로 배나무 잎을 물어뜯는다

흔들리는 이빨들 흔들리는 허방의 배나무 잎들
비닐 타는 내 연기의 길을 빠져나온다

배밭 구석구석에 재를 뿌린다
새로 돋는 풀 상공이 흔들린다
잔가지들 제 갈 길로 뻗어간다

눈 위에 배밭 1

째지는 소리 요동의 도가니
눈은 얼어붙어 짜부라진다
배밭을 빠져나온 비명 소리 벌어진다

잔가지를 차지하고 앉은 까마귀가 운다
수직으로 부는 바람이 어디 있을까

수직의 방향 하나를 억누르는 울음소리

성경 찬송가 옆구리에 찔러 넣고
예배 보러 가는 길
탱자나무 울타리를 끼고 돌아가는 길
콧구멍에 순간접착제 들러붙는 길

삼 겹의 얼음이 들고 있는 개천의 높이
굵어진 눈의 알갱이 문지른 바람이
배나무 잔가지 반질거리도록
씨눈을 핥는다

예배당 종소리에도 나이테 결이 새겨진다

겨울 어스름

물가 갯버들가지에 걸린 검은 비닐봉지
물살에 찢긴 검은 비닐봉지 겨울 어스름
바람결에 찢긴 검은 비닐봉지 갈래 나부낀다

짚단이 깔린 마늘밭을 죽어라고 뛰는
강아지들 꺼칠한 털이 살에 눕는다

트림을 달고 귀가하는 교현이 아버지
불콰한 얼굴을 할퀴는 바람 소리

초승달이 걸린 하늘에 손톱자국 깊이
긁힌 붉은 구름이 얇게 흩어져 머문다
스웨터 주머니에 손을 찌른 아주머니
대문 앞을 서성인다

번번이 기다림을 들키는 것
얼굴이 화끈 달아오르는 일
떨면서 발을 구른 아주머니

비뚤어진 길 끝을 내다보고
대문을 걸어 잠근다

찢긴 검은 비닐봉지
사납게 울어대는 겨울 어스름

번번이 기다림을 들키는 마루 위
꼬불꼬불 떨어지는 백열등 불빛들
흔적 없이, 사라지는 불빛들

한여름 일요일

붉은 기와 양옥 뒤로는 황토
오동나무는 황토 언덕에서 나와 약간
지붕 위로 기울었다

포도나무 넝쿨 오동나무를 타고
지붕으로 오르고 있다
오동나무에 파란 물방울들
송이송이 맺혔다

파란 물방울들 영글어가는 시간
바람은 살살 물방울을 문질러 닦아
시어 터진 속을 보여주고 싶어 한다
포도나무 잎들이 젖혀져
흰 속살이 보인다

욕실 쪽창은 반쯤 열렸다
환한 전구 속 필라멘트가 보인다
누군가 곧 스위치를 올릴 것 같아

환한 유리 속에서 떨리고 있다
내 마음 속에도 수십 개 수백 개
필라멘트가 있는 게 느껴진다

비 온 뒤라
욕실 빨랫줄에 속옷들이 널려
잔뜩 주름을 잡았다

흰 칼라 분홍 집게에 물린 여학생
하복 상의가 보인다
명찰이 보인다 성이 떨어져 나간
그녀의 이름 불러보고 싶다
성을 붙여 불러보고 싶다

공주집*

칠 벗는 간판에서
서리 맞은 함석이 드러난다.

콘크리트 탁자에는
상추와 소주병
양념된장과 젓가락.

태엽 감는 시계 불알은
먼지와 녹을 닦아낸다.

뿌연 연기 속에
환히 밝아오는
담뱃불을 받아먹는다.

붉게 익어터진 얼굴들,
욕을 빼면
말도 제대로 안 나온다.

* 천안시 성환읍 송덕리에 있는 술집.

개가 문 자국

개는 본을 뜨고 나는
개가 떠놓은 본을 가졌다.
개가 떠놓은 본 정강이에서
입을 벌렸다.

이가 다 빠진 정강이가 벌린 입
나는 개가 찍어놓은 본을 가졌다.

개가 벌렸다 다물지 못한 입
몸속으로 사라졌다.
개가 남긴 이빨 자국
이가 다 빠진 정강이 이빨 자국

개가 이를 악문 이빨 자국
죽는 날까지 꺼내 버리지 못한다.

복숭아나무 아래서

젊은 남자
헐린 집 주춧돌에 앉아
고개를 숙이고 눈을 질끈 감는다.
눈두덩에 팽팽한 주름이 몰린다.
앞에 불구덩이 심연이 걸린다.
눈물 두 방울을 길어 올린다.

아,
하늘을 향해 벌어진 입
불구덩이 열을 뿜는다.

씨가 삭도록 곯은 뒤 복숭아야.

산 중턱 군용헬기 대가리를 튼다.
새시 유리창들 진저리를 친다.

어디 갔느냐.
어디로 갔느냐.

제4부

고산사*

　노란 국화가 길쭉한 화단에서 꿀벌을 받네요
　산비탈 모과나무에 얇고 딴딴한 막이 생기네요
　갱고랑 낙엽 썩는 내음
　갈라진 소나무 껍질이 늦은 매미 울음소리로
　그늘에 엉겨 붙네요 개는 묶여 개복숭아나무 껍질에
　등허리를 긁네요 마르는 것뿐이네요
　툇마루에 앉은 할머니 보살 눈동자로
　잔주름을 밀어내네요 처마 밑 말벌집이 무거워지네요
　수돗가 스테인리스 대야물 알을 깐 테두리에 둘렀네요
　프라이드 베타에서 내린 노부부 합장을 하고 계단을
　오르네요 풍경 소리 경계를 허무네요

　*충남 홍성군 결성면 무량리에 있는 절.

숨

새우깡 봉지를 찢어놓고
소주병 세 개째를 비우는 사람
소주병을 들어 바닥을 찍는다.

여기가 어딘지 모르겠어.
여기가 어딘지 아는 사람 하나도 없다는 거여!

가랑이 사이에 풀어놓은
손목시계 박살나 부속들이 나뒹군다.

그가 고개를 숙이고
뜨거운 숨 쉬는 동안에도
목울대에 붙어 있는 숨은 끊임없이
그를 토닥거리고 있는 것이다.

멀쩡하게 지나가는 사람들의 등까지도
토닥거리고 있는 것이다.

달맞이꽃

족제비싸리 군락이
개천 둑 경사를 무시하고 자란다.
남녀가 서로를 부둥켜안고 더듬는다.
자신에게 없는 부드러움과 꺼칠함을 탐한다.

개천 수면 위에 입맞춤 자국이 돋는다.
혀에 돋은 돌기를 살에서 느끼는 순간들
달맞이 꽃대는 개천 쪽으로 기운다.

남자가 가슴에 두 손을 집어넣는다.
남자가 가슴에 머리를 집어넣는다.

벌어지는 입들
끄트머리부터 말라간다.
신음소리조차 향기롭다.

젖 냄새 물씬 풍기는 개천 길
오토바이 불빛이 뚫고 지나간다.

지나가다

양재기 찬 소리가 들린다 우그러든 양재기
포도넝쿨 아래를 굴러 해당화 꽃밭까지 굴러가다
뒤집힌다

나무대문을 박차고 나가는 양반,
누렁이 꼬리는 똥구멍을 감고
늘어진 젖무덤 사이를 가른다

마른 걸레를 세숫대야에 집어던진 마나님
웃통을 벗어 시멘트 마루 위에 집어던진다

푸른 호스를 이어 붙인 수도꼭지
몇 번 침을 뱉어내고
수돗물을 쏟아낸다
때꼽물이 쏟아진다

왜 이리 덥댜, 왜 이리 덥댜
마나님은 가슴을 훑으며

백내장 눈동자를 둥글게
오므려 뜬다

빗물이 조져먹은 블록담
두드러기 모래 뭉텅이
자잘한 금속들 빛난다

책 읽는 동상

느티나무 중턱 동굴에서
새끼 딱따구리 세 마리
입 벌린다

쇠꼬챙이 주둥이
먹이를 물고 와
입 벌리지 못한다

몸속에
집을 짓고 사는 딱따구리 일가
몸속에
몸을 채우는 딱따구리 일가

무거운 사진 책을 덮는다

다음 페이지를 넘기지 못한다
다음 세상을 꿈꾸지 못한다

저물도록

물 빠진 논배미에 모들이 심겼다

미끄러운 진흙 농부의 얼굴
진흙의 폐부 깊숙이
태양의 노른자위 머물렀다

플라스틱 모판 들어다
내 얼굴에도
어린 모 한 주먹 심어놓고
저물도록 보여주고 싶다

논배미에 머물던 태양의 시선이
절절 끓던 시간이
머릿속으로 들어와 박힌다, 거꾸로
유전(油田)의 가스 불 켜들고 따라온다

땡감

담을 넘어온 감나무 가지에
땡감 하나가 달려 있었다

창문을 열 때마다
마주친 땡감 하나

감나무에 열린
무수한 땡감을 잊었다

개운산, 소쩍새

등산객 다 내려간 뒤 울기 시작했는지요

어둠에 내려오는 길 다 타버리고
희뿌연 바위들이 엎드려 진을 치고,
엉덩이 등짝을 내놓고 울고 있는지요

오늘은 어느 나무를 붙잡고 울고 있는지요
오늘은 어느 나무 품에 안겨 울고 있는지요

언제부터 그렇게
새벽까지 울고 있는지요

홀림

철길가 미루나무는 제 주위
허공을 다독거리고 있는 것이다
아픔을 달래주고 있는 것이다

아직도 미루나무 아래
레자소파가 놓여 있는 것이다
누군가 거기 앉아 있는 것이다

두 무릎을 세우고,
팔꿈치를 받치고,
머리를 싸매고 있는 것이다

창문을 바라보고 있는 것이다
방 안을 상상하고 있는 것이다

철길가 미루나무 둘레를
멀리서부터 돌아오고 있는 것이다

물 밑 회오리 속을
천천히 돌아오고 있는 것이다

부곡여인숙 앞

부곡여인숙 앞에는
건축 폐기물 건물 잔해더미 그득하게 널린
사오백 평 되는 공터가 있다.

도둑고양이도 못 먹는 것들이
잠자면서 부득부득 이를 간다.
포플러 이파리 아까시 이파리 떨어져
구석구석에 끼여 몸살을 앓는다.

텃밭에는 무와 배추가 반반씩 심겼다.

전지(全紙)
몇 개를 붙여놓은 텃밭
내가 옮기지 못한 두 페이지 분량
시가 펼쳐져 있다.

접을 수 없는 두 페이지.
덮을 수 없는 두 페이지.

시 제목 시집 제목을 붙이면
두 페이지 시는 시들어
무말랭이나 김치찌개가 된다.

폭염(暴炎)

수도꼭지 아래 까치가 앉아 있다.
수도꼭지 아래 머리를 들고 있다.
까치 머리를 타고 물방울 스며들고 있다.

45도 각도로 들린
까치 부리 끝에는 SK아파트
창문에 머문 태양들이 있다.

까치 머리를 타고 들어간 물방울
까치 등으로 내려가 날개로 스며들고 있다.
까치 머리를 타고 들어간 물방울
까치 등으로 내려가 꼬랑지로 스며들고 있다.
까치 머리를 타고 들어간 물방울
까치 등으로 내려가 허벅다리로 스며들고 있다.

고무다라를 움켜쥔 발가락 익어가고 있다.
태양을 꼬나보는 눈동자 여물어가고 있다.

한껏 가위를 벌린 부리 목구멍으로
붉고 마른 혀들을 꼴딱꼴딱 넘기고 있다.

이쑤시개

노파는 음식물 쓰레기봉투를 벤치 위에 올리고
껄끄런 스웨터 주머니를 뒤진다

노파는 이쑤시개를 꺼낸다 죄다 센 머리카락
두피를 긁적거린다 꽉 짜맨 음식물 쓰레기봉투
국물이 고여 불룩해진 음식물 쓰레기봉투 밑바닥
이쑤시개로 쿡 쑤신다

국물이 흘러내린다 국물이
벤치 밑으로 떨어진다

이쑤시개를 쪽 빤다

국밥집 담벼락에 앉은 노인이 혀를 찬다
이 사이에 낀 음식물 찌꺼기를 뱉어낸다

이쑤시개를 쪽쪽 빤다

석유버너 불꽃이 돌아가는
시커먼 뻥튀기 기계 배때기를
골고루 달군다

꽃 피는 벚나무 밑
노인은 손톱 밑 때를 파낸다

수릉구지*

겨울 개펄에서 식용 개들이 짖는다.
담수호 물살이 몰려가 달을 지우고
자꾸만 흐려진 달을 올려놓는다.

크나큰 해송 가지에서
떨어지는 솔가리 솔방울
퉁명스레 받아주는 슬래브 집
목련 꽃봉오리 잔털을 모아 쥔다.

외국인 신부와 겉늙은 신랑
그득하게 널린 신접살림 옷가지들
들어 올린 바지랑대
뭉뚝한 끝으로 노를 젓는다.

쓰레기들이 날아다니는 개펄에서
겨울바람이 내지르는 휘파람 소리 들린다.

삭아가는 폐그물 찢긴 코를 벌리고

담수호 물살에 실려 가는
깝깝한 불빛을 담는다.

* 충남 홍성군 수룡동의 옛 지명. 간척되어 바다가 막혔다.

집으로 가는 길

어지간히 취했어야 말이지
고구마 광주리를
허리에 받쳐 든 할머니가
철 대문을 발로 걷어찬다.

그는 오늘도 대취해서
투구봉 산 그림자에
깡마른 키 높이를 잡아먹힌다.

바글거리는 침 거품을 물고
나를 버리고 갔다는 말이지.
나를 버리고 갔다는 말이지.

집 나간 마누라 이름도
까먹어
입술에 침 거품만 물고
까치발을 들고 걸어간다.
삿대질을 하며 걸어간다.

그래, 가라고 해. 그까짓 거, 갈 테면 가라고 해.
고생만 지지리 해가지고 쭉쟁이 된 거, 갈 테면 가라고 해.

마른 나뭇가지 입에 문 까치
미루나무 꼭대기를 움켜쥔 까치
휘청거린다.

각시난골

동식이 아저씨 시뻘건 코를 앞세우고
각시난골 터진 골바람을 가르고 왔다

소가 눈 오줌이 흘러가
꽁꽁 언 각시난골 길
초등학교 소사 동식이 아저씨
술 마시고 찾아와 술 마시고 돌아간 길

혼자 살다간 집이 있다

| 해설 |

침묵의 무늬

박 주 택

　주체는 실체로서 존재하는 것 같지만 구체적인 것이 아니라는 점에서, 지각하고 경험하는 의식 안에 있으면서 동일한 것으로 표상될 수 없다는 점에서 부재이며 가변의 그 무엇이다. 그리고 자기 인식을 담지하며 스스로를 증명할 뿐더러 타자와의 관계 속에서 상호 공존하고 있다는 점에서 중심이자 주변이기도 하다. 오랫동안 주체는 자율성을 지닌 사유의 근원 혹은 통합적인 형태나 기능으로 파악되어왔다. 그러나 주체에 대한 근대의 반성은 주체가 언어 혹은 이데올로기 등에 의해 영향을 받으며 변덕스럽게 버무려진 구성체임을 내세운다. 즉 주체란 사유를 발생시키는 곳이라기보다는 사유가 발생되는 장소로, 다른 모든 것을 지배하는 것이 아니라 오히려 권력이나 무의식 그리고 사회적 관계에 의해 지배를 받으며 정체성을 형성

한다는 것이다. 이 같은 관점에서 시인의 주체가 오랜 경험의 시간 속에서 등질적인 자기 인식을 드러내기보다는 주체를 둘러싼 외부적 관계의 영향 속에서 비균질적 차이성을 드러내고 있는 것은 당연한 결과라 하겠다.

이윤학은 1990년 한국일보 신춘문예에 「청소부」「제비집」 등이 당선되어 시단에 등장한 이래 지금까지 모두 여섯 권의 시집을 발간했다. 그는 고통과 절망, 황폐와 죽음 등과 같은 비극적인 이미지들을 점묘시키며 생의 파토스를 절애에까지 몰고 간다. 그의 시가 그려내는 기억과 풍경은 황량하거나 쇠락한 울음으로 가득하다. 불안, 비애, 자학, 치욕, 부패 등이 맺지 못한 열매처럼 달려 있으며 진흙탕에 찍힌 바퀴자국처럼 상처로 선명하다. 기억의 창고에는 폐품과 부장품만이 가득하다는 듯 그의 시는 철저히 생의 폐부로 파고들어 주체가 뿜어내는 빛으로 삶을 투사한다.

그의 이번 시집 『너는 어디에도 없고 언제나 있다』도 지금까지의 시세계와 맥을 같이한다. 하찮고 사소한 것에 관심을 집중하거나 개인적 체험이 녹아 있는 공간에 천착하거나 일상에서 만난 표정들을 검박하게 옮겨놓는 것이 그러하다. 그러나 생의 허기짐과 결핍을 성찰적 시선 안으로 끌어들이고 있는 이번 시집은 『먼지의 집』『붉은 열매를 가진 적이 있다』『나를 위해 울어주는 버드나무』에서 보이고 있던 고통의 이미지가 많이 사라진 대신 『아픈 곳에 자꾸 손이 간다』『꽃 막대기와 꽃뱀과 소녀와』『그림자를 마신다』에서 보이고 있던 관찰자적 시선을 한층 더 강화하여 삶의 문제들을 성숙한 시선으로 바라보고 있는 태도를 취한다. 내면과 세계의 여정에서 만난 운명과 영혼들을 불러 그것들이 속삭이는 음성을 듣는 시인은 그들의 언어를 받아 적으며 상응하고 동감한다.

  사유는 시간과 관련하며 자신의 영역을 확장시킨다. 또한 시간은 감정, 감각, 끊임없이 소용돌이치는 욕망, 가난과 결핍, 분노, 모순, 에로스와 타나토스, 기억, 질병, 콤플렉스 등의 사유와 만나 풍요로워지고 아름다워진다. 한 편의 시는 이 사유와 시간이 조화를 이루는 행복한 완성을 꿈꾼다. 이 과정에서 주체는 내면에서 흘러나오는 음성과 시간의 육체에서 흘러나오는 음성을 운명으로 받아들이며 자신의 제국을 꿈꾼다. 이 제국의 기호는 부정, 죽음, 찬란, 평화, 영원 등의 다채로운 수사를 거느리며 시의 얼굴을 만든다.

    상엿집, 녹슨 함석지붕
    햇볕은 그곳을 일찍 떠난다
    리기다소나무들, 훌쩍 자라 있다
    아는 사람들 해마다 줄어든다
    아는 사람 없는 세상을 살지 모른다

    그는 어디 갔나?

툇마루에 앉아 보면,
그는 항상 집에 가는 길이었다
그리고 어둠이 내렸다. 그는 길가
도랑에 처박힌 것일까?

앞으로 반 발자국, 뒤로
좌로, 우로, 반 발자국

코스모스 꽃잎을 훑어놓으며
거리낌 없이
자동차들이 지나다니고 있다
　　　　　　　　——「황혼의 아스팔트」 전문

  이윤학 시의 시간 의식은 현재의 기억 경험으로 재생되는 과거에 주로 정향되어 있으며 가정과 기대라는 미래 의식이 노정되어 있지 않다. 따라서 회상과 재생은 그의 시를 범주화시키면서 개인 주체의 사유를 기록하는 특징을 보인다. 이 시의 시적 주체는 상엿집, 녹슨 함석지붕과 같은 허름하고 낡은 것에 시선을 둔다. 그곳은 햇볕이 일찍 떠나고 리기다소나무만이 을씨년스럽게 자라 있는 곳으로 지금은 폐가가 되어버린 곳이다. 그곳의 주인은 보이지 않고 "코스모스 꽃잎을 훑어놓으며/거리낌 없이/자동차"들만이 지나고 있을 뿐이다. 마치 이용악의 「낡은 집」에서 털보네 가족이 어디론가 떠날 수밖에 없었듯이 사회문화사적 변화에 의해 집을 비울 수밖에 없는 상엿집은 더 이상 영혼의 거소로 존재하지 않는다. 그것은 우리들의 황폐한 내면과 닮아 있다. 이는 "칠 벗는 간판에서/서리 맞은 함석이 드러난다.//콘크리트 탁자에는/상추와 소주병/양념된장과 젓가락.//태엽 감는 시계 불알은/먼지와 녹을 닦아낸다.//뿌연 연기 속에/환히 밝아오는/담뱃불을 받아먹는다"(「공주집」)에서처럼 술집을 묘파하는 데에서도 나타난다. 그의 시에 나타난 집과 길은 수평으로 몸을 늘여 세계의 끝까지 지평을 넓히고자 하는 것도 아니며 수직으로 상승하여 하늘의 신성성에 도달하고자 하는 것도 아니다. 그가 시간을 열어 과거로 향할 때의 시선은 그것이 집이든 사람이든 사물이든 사유든 중심에서 밀려난 음울한 초상을 부조하고 있을 뿐이다.

  시인은 왜 첫 시집에서뿐만 아니라 비교적 최근 시집이라고 할 수 있는 『그림자를 마신다』에 이르기까지 줄기차게 과거에 집착하고 있는 것일까? 블랑쇼는 시란 불꽃이 활활 타오르며 서서히 죽듯이 삶 속의 죽음 혹은 죽음 속의 삶을 말하는 것이며 삶과 죽음 뒤에 감춰져 있는 것을 여는 것이라고 말한다. 이 열림을 통해 시인은 삶 속의 죽음, 죽음 속의 삶과 마주하며 죽음과 해후한다. 이윤학 역시 죽음의 근원인 부정을 통해 태초의 시간에서부터 손상되었다는 듯 곳곳에 존재하는 영혼의 상흔을 암울하게 노래한다.

>점심 무렵,
>쇠줄을 끌고나온 개가 곁눈질로 걸어간다.
>얼마나 단내 나게 뛰어왔는지
>힘이 빠지고 풀이 죽은 개
>더러운 꼬랑지로 똥짜바리를 가린 개
>벌건 눈으로 도로 쪽을 곁눈질로 걸어간다.
>도로 쪽에는 골목길이 나오지 않는다.
>쇠줄은 사려지지 않는다.
>무심코 지나치는 차가 일으키는
>바람에 밀려가듯 개가 걸어간다.
>늘어진 젖무덤 불어터진 젖꼭지
>쇠줄을 끌고 걸어가는 어미 개
>도로 쪽에 붙어 머리를 숙이고
>입을 다물고 곁눈질을 멈추지 않는다.
>하염없이 꽃가루가 날린다.
>　　—「개 같은 삶으로 돌아가지 않기 위하여」 전문

이윤학 시에 나타난 생명체는 공격적이거나 야생적이어서 위협과 두려움의 대상으로 존재하는 것이 아니라 하찮고 사소한 목숨들로 여겨지는 벌레나 곤충들로 연민의 대상이자 인간의 모습으로 나타난다. 달팽이, 나비, 구더기,

바퀴벌레, 개구리는 대체로 이윤학의 시에서 알레고리로 표현되고 있는데, 이 시에서 등장하고 있는 개 역시 주인에게 복속되어 있다가 탈출하는 생명으로 묘사됨으로써 주인과 노예의 변증법을 대신하고 있다. 주체는 홀로 존재하지 않는다. 그것은 객체의 의지나 신념과 관계한다. 다시 말해 주체는 객체와의 저항과 소통 속에서 이탈과 분열, 혹은 접합과 원융을 거듭하며 틀에 갇힌 자신을 교정하며 변화하는 차이를 제 것으로 받아들인다. 그 차이 안에서 주체는 성숙한 자기 정체성을 만나 견고하게 자기 동일성을 견지한다.

  이처럼 주체가 타자와의 관계 맺기에 의해 성숙한 주체로 거듭나고 대상들과 끊임없이 교호하는 과정 속에서 내면을 스스로 열어 보인다고 볼 때 이 시에서 드러난 개의 이미지는 남루하고 불안에 쫓기는 시적 주체의 내면을 은유한다. 동화나 투사는 서정시의 일반적인 골격을 이룬다. 그러나 이윤학의 시는 대상과 세계를 그리되 점묘하듯 그려낼 뿐 그것을 의미화하거나 사유를 개입시키지 않는다. 그것은 시적 주체가 처한 상황을 객체에 전이시켜 버림으로써 자신의 내면을 객체화하는 효과를 가져온다. "힘이 빠지고 풀이 죽은 개/더러운 꼬랑지로 똥짜바리를 가린 개"는 주체가 객체와 동감을 이루며 인식한 대상물이다. 쇠줄을 끊고 주인의 손을 도망쳐 나온 개는 단내가 나도록 도망 나와 쫓기는 벌건 눈으로 엄폐물이 없는 도로를 걸어간다. 불안에 사로잡힌 채 "늘어진 젖무덤 불어터진 젖꼭지"를 하고 "쇠줄을 끌"고 "머리를 숙"인 채 도로를 걸어간다.

  그러나 시적 주체가 개와 동일시하는 것으로만 그친다면 진정한 본질에 접근할 수 없다. 그것은 주체가 대상과 세계를 자신의 것으로 파악하고 난 뒤 주체가 다시 자신으로 돌아갈 때 가능해진다. 이 환원의 과정은 주체에게 부과되는 소여들을 내면화하는 과정으로 이 시의 제목처럼 '개 같은 삶으로 돌아가지 않기 위하여' 주체 자신과의 치열한 싸움 끝에 만나는 입사식과도 같다. 죽음의 형식이 시간을 깨워 그 뒤에 숨어 있는 영혼의 그림자를 생생하게 인식한다는 것. 야만과 폭력을 생명으로 환원시키고자 고통에 찬 재생 의지를 다진다는 것. 그리하여 시적 주체는 죽음과의 싸움을 계속하며 삶 속의 죽음 혹은 죽음 속의 삶을 노래하며 제국의 흥망사를 저작한다.

    나는 내가 아니었음 싶다.
    나는 내가 없는 곳으로 가서
    나랑 만나 살고 싶다.

    복숭아꽃 핀 언덕을 넘어가고 싶다.
    복숭아꽃 피는 언덕으로 가고 싶다.
                       —「복숭아꽃 핀 언덕」 전문

따라서 이 강력한 자기 부정은 죽음과 만나는 순간이다. 자기 부정은 송두리째 육체와 영혼을 죽음의 제단에 바친다. 죽음의 제단은 그러나 삶의 제물에서 바쳐진 것으로 시인은 범인이 만날 수 없는 세계의 극단을 접촉한다. 시인에게 있어 주체는 매일 죽는 자이며 영원히 죽는 자이며 무한히 죽는 자이다. "나는 내가 아니었음 싶"고 "나는 내가 없는 곳으로 가서/나랑 만나 살고 싶"은 것은 마치 "파먹을 수 있는 것,/나 자신밖에는 없"(「시인의 말」, 『붉은 열매를 가진 적이 있다』)다라는 말처럼 부정과 죽음을 통해 운명을 만들 때만이 이르고자 하는 본질에 다다를 수 있음을 의미한다. 이 부정의 변증법은 화해를 동반하지 않는다. 내면의 생명으로 깊이 파고들어가 제 목숨을 파먹는 행위는 가치들이 외부로부터 주어지는 것이 아니라 생명까지 내준 뒤 그 생명이 뿜어내는 죽음의 힘으로 이르게 된다는 것을 의미한다. 모든 것은 생성을 통해 스스로가 되지만 고투 끝에 얻어지는 전리품과도 같다는 점에서 "나는 내가 아니었음 싶"고 "내가 없는 곳으로" 갈 때만이 "나랑 만"날 수 있는 것이다. 그럴 때만이 열매가 꽃의 소멸을 전제로 하듯이 '나'의 죽음을 통해 "복숭아꽃 핀 언덕을 넘"을 수 있기 때문이다.

오전 내내 마룻바닥에 굴러

볕을 잘 쬔 1.5리터들이
우그러진
환타 페트병을 집어 든다.

피식 웃고 떠난 네 이름. 네 얼굴.
네 뒷모습 떠오르지 않는다.

정수기 꼭지에 대고 찬물을 채운다.
조금 남은 환타 빛 엷어진다.

어떻게 거기까지 들어갔는지
파리 한 마리
찬물 높이로 떠오른다.

파리가 날아간 뒤
환타 페트병
참았던 숨 울컥 토해놓는다.

장미 화분에 찬물을 주는 동안
환타 페트병 전신이 울렁인다.

—「환타 페트병」 전문

이윤학은 우리가 생활하는 중에 무심코 스치고 지나갈

수 있는 주변의 것들에 깊은 관심을 갖는다. 사소한 것, 눈길 가지 않는 것, 중심에서 멀어진 주변인, 도시 변두리나 전근대적 풍경 등을 관찰자적 시선으로 포착하여 그것을 생명화한다. 그는 좀약, 솜 공장, 지일, 성환, 판교리, 염전, 버려진 다리, 마을버스 타는 곳, 유리창을 떠도는 벌 한 마리, 이발소, 분식점, 빨랫줄 속에 끼어 있는 옷걸이, 집, 목이 떨어진 석불, 진흙탕 속의 말뚝, 유리컵 속으로 가라앉는 양파, 거꾸로 도는 환풍기의 날개, 기울어진 전봇대, 썩어버린 연못, 폐비닐, 소가 눈 똥, 절름발이 까치, 닭대가리 등에 주목한다. 언어가 시적 주체의 내면과 상관성을 이루며 의미를 발생시킨다고 볼 때, 다시 말해 언어가 주체의 의식/무의식 속에 형상화된 내면성과 동궤하며 의미의 조건을 지향한다고 볼 때 이윤학 시의 시적 주체는 목록들 스스로가 자신의 언어로 말을 하게 하여 감추어져 있는 내면을 발굴해낸다.

  이는 위 시에서도 마찬가지이다. 이 시에서 환타 페트병은 시적 주체 내면의 환유물로서 "우그러진"이라는 말에서도 드러나듯이 온전성을 갖춘 대상물이 아니다. 페트병은 '너'를 떠올리게 만들다가 병 속에 갇혀 있는 '파리'를 만나게 만든다. 이 때 파리는 시적 주체와 동감을 이루는 것으로 그것은 존재 혹은 실존이라는 의미를 지닌다. 그리고 더 큰 존재를 가리키는 페트병은 급기야 "숨(을) 울컥 토해놓"고 "전신이 울렁이"는 내면의 파동을 일으킨다.

'파리'나 우그러진 '페트병'에서 만나는 내면성, 그것은 시적 주체가 몸을 늘여 만나는 실존의 내면이다. 그런데 이 내면과 만나게 해주는 것은 페트병에 담긴 물이다. 물은 주체의 의식을 투영하는 거울과도 같은 역할을 한다. 이는 다음과 같은 시에서도 드러난다. "그는 안에서 긁혀 있었다./그 상처 때문이었지/들여다보는 사람 얼굴도 긁혀 있었다.// 〔……〕 그는 거울 속 입술에 입을 맞추었다./그는 과거에 살았던 사람/순간의 냉기가 그에게로/거울에게로 전해졌다"(「장롱에 달린 거울」, 『꽃 막대기와 꽃뱀과 소녀와』). 그런가 하면 다음과 같은 시. "거꾸로 박혀 있는 어두운 산들이/돌을 받아먹고 괴로워하는 저녁의 저수지//바닥까지 간 돌은 상처와 같아/곧 진흙 속으로 비집고 들어가 섞이게 되네"(「저수지」, 『붉은 열매를 가진 적이 있다』).

이처럼 이윤학 시에서 바라봄은 객체의 바라봄이자 내면의 바라봄으로 객체는 주체의 내면을 환기해주는 대상물이자 본질적인 중심이 되는 내면과 만나게 해주는 생명체들이다. 다시 말해, 주체는 말을 통해서 자신을 말하기보다 바라봄의 대상들인 객체들로 하여금 존재의 내면과 의식을 정향한다.

   낮아지는 수면,
   연못 근방 벤치에서 바삭거리는

> 잠자리 날개를 집어 들었지.
> 자신에게 집중하는 자세로
> 한참 동안 절하던 잠자리였지. 그동안
> 나는 나일 때가 가장 행복한 순간이었지.
> 그걸 잊고 살았지. 잠자리 날개가 움찔할 때마다
> 내 몸으로 떨림이 증폭되어 퍼졌지.
> 이제는 오지 않아도 될 애인을 기다렸지.
> 오래전에 요절한 추억을 기다렸지. 먼지들이
> 더러운 물에 끌려가는 여름 한낮, 그늘이었지.
> ―「먼지는 왜 물에 끌리는가」 전문

  그렇다면 이윤학 시의 주체가 바라봄을 통해 얻고자 하는 것은 무엇일까? 앞의 시에서도 그렇듯이 이윤학 시의 특징은 갇힌 공간, 닫힌 공간이 많이 등장한다. 그 공간은 죽음의 공간이자 침묵의 공간이다. 주체는 이 공간에 닻을 내리고 중심을 측정한다. 그 중심은 시련을 견뎌야만 닿을 수 있는 곳으로 이 접촉에 의해서만 주체는 자신과 맞닥뜨린다. 갇히고 닫힌 공간에서 죽음의 시련을 견디는 유폐된 주체는 자신을 자신으로 위치시키고자 한다. 즉, 살기 위하여 죽음을 견디고 죽기 위하여 삶을 노래한다. 그의 언어는 죽음 속으로 치달으며 죽음의 정면을 응시한다. 그리고 이 응시를 통해 생의 기원을 길어 올린다. 생의 기원은 자신의 본래 얼굴이다. 그것은 "어린애를 곁눈질로 바라보는/어른의 환멸"이 소멸된 것이며 "떨어지는 벚꽃 잎"이 "또 다른 벚나무를 지켜보고 있"(「벚나무 한 그루」)을 때 닿을 수 있는 순연한 시원의 심연이다.

  수면은 다른 시에서와 마찬가지로 자신을 바라보게 하는 역할을 한다. 바스락거리는 잠자리의 날개는 바라봄의 대상이자 사유 구성물의 객관적 상관물이다. 이때 손에 잡혀 움찔거리며 떨리는 잠자리는 주체의 떨림을 가져다 준다. 이 떨림은 생명의 떨림이자 죽음의 떨림이다. 그러나 이제껏 그래왔듯이 이윤학 시에 나타난 물의 이미지는 주체를 난폭에 빠뜨리지 않으며 무나 공허에 빠뜨리지 않는다. 다만 영혼과 육체의 확신을 절멸시키는 시간의 허기짐 앞에서 침착하게 "삶은 무엇이고 죽음은 무엇이던가…… 그리고 나는 무엇인가"라고 반문하게 만든다. 죽음과 소멸의 깊이. 그곳으로 가는 주체의 모든 것. 그것은 "잊고 살"아온 것에 대한 성찰이며 "나는 나일 때가 가장 행복한 순간이"라는 말처럼 온전하고도 영원한 자아에 대한 간단없는 요구다. 크고 진정한 주체로 가기 위해 고통을 응시하고 그 고통으로 본질을 새롭게 하고자 하는 이윤학의 시. "오래전에 요절한 추억"이라는 말에서처럼 그는 시간을 부정하되 공허에 빠지지 않고 스스로 진실하게 죽고자 하는 생명 의지를 불태운다.

    흰나비가 바위에 앉는다

천천히 날개를 얹는다

　　누가 바위 속에 있는가
　　다시 만날 수 없는 누군가
　　바위 속에 있는가

　　바위에 붙어
　　바위의 무늬가 되려 하는가

　　그의 몸에 붙어 문신이 되려 하는가
　　그의 감옥에 날개를 바치려 하는가

　　흰나비가 움직이지 않는다

　　바위 얼굴에
　　검버섯 이끼가 번졌다
　　갈라진 바위틈에 냉이꽃 피었다　　　——「봄」 전문

　바위는 견고한 내적 상태 혹은 유폐된 세계를 상징한다. 이에 비해 나비는 생명이 있어 바위에 호흡을 불어넣는 존재이다. 이윤학의 대부분의 시가 그렇듯이 이 시도 대상만을 응시한 채 거기에서 얻어지는 자각과 예지를 독자의 몫으로 미루어놓는다. 그만큼 그의 어조는 서두름이 없다. 현실 속에 발을 들여놓고 현실에서 분화되는 감각과 사유를 핍진하게 그리고 있는 그의 시는 현실과의 힘겨운 싸움을 그리되 해석을 하려들거나 저편에 그 무엇이 있다고 예정하지 않는다. 동경과 환상을 배제하고 있는 바로 이 점에서 그의 시는 사실적이다. 전망을 괄호 치고 낙관을 부정함으로써 현실의 정면을 응시하는 그의 시는 의미의 근원이 현실에 있음을 알린다. 바위와 나비를 대비시켜 바위에 생명을 불어넣는 교감적 행위에서 또는 바위 속을 열어 은폐되어 있던 내면과 만나 무늬가 되는 데에서 그의 현실에 대한 의지는 빛을 발한다.

이 점은 그간 주제나 소재적인 범형에서 크게 벗어나지 못한 생태시적 관점이나 논의를 심화시키거나 확장시킬 수 있는 가능성을 시사한다. 죽음을 주체의 시선 안으로 끌어들여 그것을 생명 내면성의 무한한 흔적으로 접근하고 있다는 점 또한 그러하다. 생명성을 발견해내는 발견의 시학은 다음과 같은 시에서도 힘을 발휘한다. "작년에 자란 갈대/새로 자란 갈대 사이에 끼여 있다//작년에 자란 갈대/껍질이 벗기고/꺾일 때까지/삭을 때까지/새로 자라는 갈대//전생의 기억이 떠오를 때까지/곁에 있어주는 전생의 모습"(「전생(全生)의 모습」). 전생이 금생에 이어주고 금생이 후생에게 이어주는 생명의 고리는 금생의 시간이 전생의 시간에 대한 보존이듯 후생의 시간은 또한 금생의 시간에 대한 보존이다. 도처에 죽음이 있지만 그

죽음은 새롭게 변모하여 새로운 생명을 탄생시키고 있다는 것, 바로 그것이 더 큰 긍정을 위해 무수한 무덤들에서 아름다운 생명을 발견해내는 것이리라.

이윤학은 이번 시집 서문에서 "현재에서 벗어날 방법은 없다./과거와 미래와 타협하지 마라./나와 세상과 타협하지 마라"라고 말한다. 그리고 "오직 현재만이 있을 뿐이다"라고 말한다. 그가 어떤 다짐을 하고 있는 것으로 들린다. 다짐에서와 같이 이번 시집은 『붉은 열매를 가진 적이 있다』 이후 생활 근거지를 중심으로 삼아 일상을 견고하게 노래하고 있고 『나를 위해 울어주는 버드나무』에서보다 주체가 처한 상황을 더 여실하게 보여주고 있다. 기억, 망각, 반추 등의 어사를 거느리며 불안한 존재의 내면성을 드러내 보이는 시편들에서는 미학성을, 사소한 것, 하찮은 것 등에서는 발견의 시학을 보여준다. 그러나 이윤학 시의 극과 격을 이루는 것은 삶과 죽음을 정면으로 돌파하여 그 속에 숨어 있는 본질적인 내밀성을 검출하는 데 있다. 불순한 것이든 성스러운 것이든 이윤학이 우리에게 보여주고자 하는 것은 심화와 확장이라는 이중성의 기틀을 견고하게 세워주고자 하는 것이다. 끝은 시작이며 시작은 끝이라는 긍정과 부정의 연속과 순환을 통해 올바른 삶은 무엇이며 올바른 주체는 무엇인가를 끊임없이 탐문하고자 하는 데 있다.

그는 죽음의 이미지가 갖고 있는 부정적 의미를 부정하

지 않으며 삶이 지니고 있는 긍정의 이미지 또한 부인하지 않는다. 그는 치열한 대결을 보이며 진정한 '나'를 고대한다. 현재의 무늬가 파문을 이루어 미래에 닿았다가 다시 그 미래가 과거로 순환하는 원융의 시간 속에서 목숨들이 죽고 사는 영원성과 연속성을 노래한다. 그는 그가 아닌 것을 노래하지 않는다. 오직 자신의 바라봄을 통해 진실한 것들을 받아 적으며 그 음성들이 주는 메시지에 귀를 기울인다. 저편, 저 너머의 세계는 따로 존재하는 것이 아니라 바로 자기 자신의 내면에 존재하는 것이며 현실 그 자체에 깃들어 있다는 것을 일깨워준다. 여전히 그는 세상 속에 머물며 세상의 언어로 노래하기를 멈추지 않는다. 하찮은 생명의 노래를 때로는 침묵의 깊이를 헤집어 응시 속에 생의 균열과 균형을 노래한다. 그의 시는 성찰적 인간학에 접근하며 불모이든 풍요이든 끊임없이 온전한 생명에 총력한다.